ちりめん変化《へんげ》

大谷みちこ

紫紅社文庫

はじめに

大谷みちこ

「ちりめん」の名を聞いて思い浮かぶイメージはどんなものだろう。しぼのある、柔らかいその手触りだろうか。はなやかに彩られた優美な振り袖だろうか。紅縮緬《ちりめん》の絞りのてがら、繊細な刺繍で飾られた半《はん》襟《えり》、婚礼衣裳の三つがさねや、七五三の晴れ着。様々に思い出される、また思い描かれるイメージのなかの「ちりめん」のなつかしい感触。

その縮緬が、古裂好きの間で大変な人気を集めてもう数年がたつ。手作りブームのなかで、人形の着物や縮緬細工の素材として求める人もあり、「切ってしまうのはかわいそうで、鋏は入れられない」と、着物や裂をコレクションする人も多い。

この縮緬ブームに火をつけたのが、「江戸ちり」と、考えてみれば随分矛盾した、不合理な名前でいつのまにか呼ばれるようになった「明治の型友禅」だった。
あざやかな色合い、日本画のように写実的な柄、薄くて柔らかい風合い、文明開化や浮世絵のような珍しい柄、ぼかし地に細やかな柄行き、とその特徴と魅力を言葉にする人は多いが、常に、「独特の」、という形容詞を冠して語られる、これらの明治型友禅で始まった縮緬人気は、やがて「縮緬」という共通した素材であるということで、江戸期の御所《ごしょ》解《どき》小袖や刺繍の振袖にも遡り、また大正期の華やかな大文様の着物、半襟や小物にも及び、今もとどまることを知らぬ勢い。
本書では、江戸期以来三百年間、主には染めの素材として、常に女性の「衣裳」とともにあった縮緬を、「色」「文様意匠」「技法」などを軸に、写真図版によって大きな時代の流れをたどる。
今「縮緬」に注がれる熱い視線の理由、わけても人気の集中している「明治の縮緬型友禅」の魅力が読み取れるだろうか。

ちりめん変化《へんげ》

目次

制作協力　大目耕三／大目祥子

江戸期の縮緬

縮緬《ちりめん》が小袖の生地として表舞台に躍りでるのは、元禄のころ友禅《ゆうぜん》染の完成期。染料が染め付きやすく、発色の良い縮緬は、友禅技法の、描き絵のように繊細な糸目や色挿《さ》しにまさにうってつけの生地だった。しなやかで、しわになりにくい点も小袖生地としてふさわしいものと考えられ、これ以降縮緬は、染め小袖の中心的な素材となった。

江戸期の友禅では、地染め、上絵付けともに当然ながら自然の染料が使われる。顔料化されて挿し色に用いられる藍《あい》や臙脂《えんじ》、雌黄《しおう》の色も華やかで美しいが、必ず浸染《つけぞめ》で染められたその地染めの色は、後の人工的に合成された化学の色では決して出せない心地よさを持つ。

藍、浅葱《あさぎ》、萌黄《もえぎ》、紅、紫。しなやかな縮緬地を染めたこれらの色は、今は求めても得がたい、明るい透明感にみちた日本の色である。刺繡に使われる糸も、色数に限りはあるがつややかな自然色で、縮緬の染め生地に調和のとれた華やぎを添える。

染め分け地鶴亀文様友禅小袖裂　江戸中期
江戸中期までの友禅染めでは、地の染め分けはもっぱら絞りで行われた。後期に盛んになる糊置(のりお)きの白揚(しろあ)げと比べ、紅や藍、紫、萌黄など、深みのある自然の色に絞り分けられた縮緬には、絞りのにじみのかもしだす奥行きとニュアンスが感じられる。

朝顔文様絞り染小袖裂　江戸中期
野村コレクションにも同裂が見られる朝顔文様の小袖裂。朝顔の花や蕾は平縫い絞りで光琳（こうりん）文様風に。重層的な色合いも上絵の表現も独特。

◂**扇面に流水草花文様友禅小袖裂**　江戸中期
扇面は細かい縫い絞りで紅に。他の文様部分は糊伏せして藍で浸染する。地染めを浸染によっているため、文様の輪郭には微妙なにじみが見られ、色挿し部分の細く明快な糸目糊（いとめのり）と明瞭な対照を示す。

子持菱文様絞りに刺繡小袖裂　江戸中期〜後期

竹に菊文様小袖裂　江戸中期▸

断片になっても、いきいきとした力強さを失わない元禄のデザイン。ここでは当時の新しい流行「摺り匹田（すりびった）」が表現の主役になっている。

春秋景御簾文様御所解小袖　江戸後期
類型といわれ、定石といわれても、やはりここまで細やかな白揚げ文様、紅や金糸の華やかな刺繍の御所解には他の小袖には見られない魅力がある。「贅沢」の放つ心地よさである。日本人に血脈のように流れる、桜や秋草文様好みや王朝風の文芸趣味も巧みに刺激して、「御所解文様」は明治以降、現代にいたるまで着物意匠の定番となった。

◂春秋景御簾文様御所解小袖 部分

春秋景文様御所解小袖　江戸後期
明るい浅葱は春景文様にふさわしい軽やかな色。

石橋文様小袖　江戸後期

萌黄といい、若草色といい、若苗(わかなえ)色とも呼ぶ。萌え出る緑の色は、江戸期までは藍と黄色の掛け合わせでしか表現できなかった。縮緬という発色の良い素材を得て、光溢れる緑地となった、能の「石橋(しゃっきょう)」をモチーフとした小袖。

籬（まがき）に菊椿飛燕文様小袖　江戸後期
白揚げ部分は霞のみ。あとはたっぷりと豊かな刺繍で文様を表わした、深い紫に静かな品格漂う公家女性用の小袖。

霞に梅樹文様振袖　江戸後期

満開に花を付けた梅の立木文様。縮緬地に濃い目に染められた藍の地色が金糸、紅糸を一層際立て、早春の薄暮に満開の梅が浮かび上がる風情。

紅葉賀文様御所解振袖　江戸後期

紅葉幔幕に鳥兜(とりかぶと)などの景物を配し、『源氏物語』よりの出典が明らかな「紅葉賀(もみじのが)」文様は、そのテーマの明快さからか、近代以降も人気の柄として着物意匠に取り上げられていく。

松竹梅鶴亀文様総繍小袖　江戸後期
底味に黄の色素を潜めながら、華やかで明るく、また暖かい日本の赤、紅花(べにばな)染。度重なる禁令に触れる贅沢な染め色だったが、江戸後期には、富裕な層の婚礼衣裳に盛んに染められた。ことに、紅の染め付き、発色の良い縮緬地に。輝くような紅縮緬は、金糸を多用する豪華な刺繍にもまことにふさわしい素材。

袖褄文様金糸繍間着 三種　江戸後期

波に亀文様絞り小袖裂、麻の葉繋ぎ総絞り振袖 部分　ともに江戸後期
疋田鹿子（ひったかのこ）もまた奢侈禁令に触れる贅沢な衣裳の代名詞。柔らかくしぼの立つ縮緬を括り染めれば、より立体的な絞りの効果が表われた。江戸中期の摺り疋田全盛期を経て、江戸後期になると、鹿子絞りは再び人気を取り戻し贅沢な婚礼衣装の華となる。

松竹梅鶴亀文様友禅染大夜着　江戸後期

江戸後期、この様な豪奢な縮緬地友禅夜着が富貴層の婚礼用に調えられた。「友禅」という仕事がきわめて贅沢なものだったことの証左ともいえる。大文様ながら臙脂や雌黄の清澄感、竹葉の虫食い表現などは盛期に変わらず、友禅らしさを主張する。

松竹梅鶴亀文様中裁振袖 二種　江戸後期
どちらも七、八才用くらいの小振りの振袖。小さいなりにバランス良く配された立木風の竹や梅樹。肩に飛ぶ小さな刺繍の鶴。繊細な糊目で白揚げされた、武家の女児用。腰がなく柔らかな縮緬の衣裳は、小さな体を包むにもふさわしいもの。

掛袱紗《かけふくさ》

江戸期の掛袱紗では、張りのある繻子地が多用され、縮緬地のもの、なかでも友禅染めの施されたものは意外に少ない。

鶏鼓草花文様友禅染掛袱紗　江戸後期

波に亀文様刺繡掛袱紗、鯛車でんでん太鼓文様刺繡掛袱紗　ともに江戸後期

飛鶴文様友禅染掛袱紗　江戸後期

橘文様刺繡掛袱紗　江戸後期

三ツ花菱家紋染掛袱紗　江戸後期

幕末から明治の縮緬

技法的には、多色の型染《かたぞめ》など試作的でありながら、色において江戸の香りを残すもの。また技において江戸を踏襲しながら、ヨーロッパからの新しい色が使われるもの。ここでは様々に過渡的な姿を見せる変革期の縮緬を取り上げた。実際には、明治に入ってから作られたものがほとんどと考えられる。

梅に菊熨斗(のし)文様型染一つ身
型による糊防染(のりぼうせん)、白揚げだけのシンプルな技法だが、深い紫は伝統の色。

江戸末より試みられた、型紙を使った糊防染多色染の縮緬型友禅。一品製作の贅沢なものだった友禅染の大衆化に一役買うことになる。手描きのようには自在に文様表現できないことや、使える色数の少なさといった不自由が、後の写糊《うつしのり》の開発につながった。型染の伝統から生まれた幕末明治の縮緬型摺《かたずり》友禅は、型染独特ののどかな味わいを残し、江戸期の友禅と、明治の写し友禅の過渡期に、つかの間咲いて消えていった、澄んだ色合いのなつかしい野の花のように思われる。
技術的には木綿中型《ちゅうがた》の応用だが、縮緬ならではの発色の美し

さは、他に代え難い魅力がある。いずれも、冴えた浅葱色を基調に摺り型を用いて多色に染め上げる。浅葱や萌黄の諧調は藍の浸染ならではの色。色の数だけ型紙も必要で、型染といえどもなかなか手間のかかったもの。

菊橘文様型友禅下着　部分
すすき野にふくら雀橘散らし文様型友禅下着　部分

竹に蔓花文様型染着物 部分
二色の掛け合わせによる複雑な深緑の色。送りの短い古い形式の型紙を使っている。

牡丹蝶文様型友禅裂
ごく初期のものか、ぎこちなく、試作的な雰囲気の型摺友禅。

型友禅裂　五種

いずれも、型での糊防染・藍の浸染に摺り込み型を併用。中型や小紋（こもん）と同じく、板に生地を張って型付けを行ったことから、型友禅は「板場（いたば）友禅」とも呼ばれた。

菊青海波（せいがいは）文様型友禅裂

名所尽くし文様型友禅袱紗　部分
藍・萌黄の地染めは浸染。非常に細かい糸目型に墨線と数色の摺り込み型を使って、「天橋立」や「七里ヶ浜」「江ノ島」など海の名所尽くしを扇面絵風に。

唐風人物文様型友禅裂

型糸目による糊防染で、藍の浸染。人力車に乗る人物文や物語絵的な数パターンが見られる。糊のにじみがあり、輪郭がややぼやけている。墨摺りも、植物染料による色挿しも少し不鮮明で、珍しい柄だが面白さが伝わりにくい。このような試行錯誤ののち、鮮やかな色とストレートに文様を表現できる「写し糊」の開発は福音的なものと歓迎されたに違いない。

紅板締め裂

化学染料の「赤」が入ってくると、伝統の板締めも、完全に「紅」から扱いが容易で発色の鮮やかな「赤」にとって変わられる。ほのぼのと暖かい、縮緬地紅板締めの最後の光芒。

山繭縮緬《やままゆちりめん》

山繭縮緬着物　四種

絹は普通は家蚕繭から糸をとる。野蚕の繭からとった山繭糸は染料に染まり難く、縞糸として交織すると染色後自然な縞や格子が現われる。つややかな縞、面白い風趣で江戸期以来愛された山繭縮緬。手触りはしなやかで頼りないほど柔らかい。

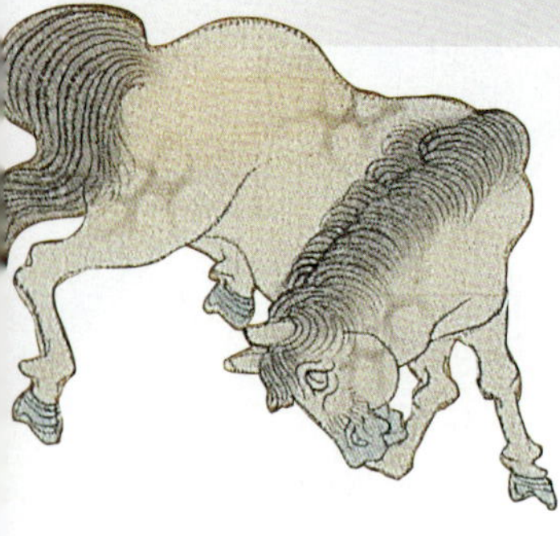

春駒文様子供着物

春の野に、躍動感溢れる馬の姿態を白揚げし、墨描きと色挿し。地染めは植物染料かと思われるが、コバルトの挿し色は新しい色。

秋草虫籠文様中裁振袖

江戸後期以来流行の裾ぼかしの曙(あけぼの)染め。地染め、紅の挿し色とも明治初期の舶来化学染料が使われている。友禅の手法は確かなもの。少女のための晴れ着にも、この様なごく地味な地色が好まれた明治という時代。表の着物が非常に地味なことが、多くは下着として染められた明治の型友禅が、派手で大胆な文様を取り入れた理由の一つに挙げられる。

桜に鈴雀文様小袖 部分
宮中小袖は、江戸期も、明治に入ってからもそこだけが時間に取り残されたように、意匠、技法に変化がない。季節感に溢れた明快なテーマ。おおらかな刺繍。だからよけいに色の変化が顕著に感じとれる。縮緬が多用されるのも宮中小袖の特色。

仔犬文様子供振袖

身揚げ肩揚げをして、ごく小さな子供に着せたのだろうか。丸々と愛らしい仔犬たち。長い時間浸染しなくては美しい色を得られない「紅」は、その性質から糊防染しにくく、絞りで文様を表わすか、無地紅に染めた地に、刺繍を加えるしかなかった。はなやかに赤い縮緬に糊置きで自由に文様を表現したいという願望を新来の化学染料はいともあっさりかなえてくれた。染めにもっとも手間とコストのかかる、「紅」や「紫」がまず化学染料に置き換えられていったのは当然のことといえる。

おもちゃ尽くし文様描絵一つ身

御簾に薬玉文様友禅染中裁振袖

友禅の仕事は丁寧なものだが、文様は江戸末以来の伝統的なもので、あまり新味は感じられない。化学染料が普及してくると、浸染が本来だった友禅の地染めも自在に色があやつれ、扱いの楽な引き染めに変わっていった。

壁縮緬地昇龍文様友禅染一つ身

壁縮緬（かべちりめん）という明治の新しい素材に、伝統の友禅技法。

菊花文様振袖

明治の型友禅

［よろず文様集］

発色が鮮明で、安価で、扱いの容易な化学染料は、導入されるやたちまち染織界を席巻し、千年以上も続いた伝統の植物染料染めを駆逐していった。明治十年過ぎに開発された「色糊＝写し糊」は、新顔の染料の特色を生かし、新しい発想で始まった画期的新技術だった。「写し友禅」は、化学染料と糊とを合わせた写し糊を、色毎に別の型紙に、多色の木版画のように刷っていき、蒸しをかけることによって、色を定着させる新しい友禅技術。媒染剤で発色する天然染料では決してできなかった染め法である。小紋や中型など、長い確かな型染めの伝統と技術を持つ日本ならではの工夫だった。

新しく開発されたこの技法に、従来の摺り技法や手挿しの技法も加えることによって、「多彩で自由な文様表現」という、友禅本来の性質を備えた着物の量産が可能になり、一般の人々にも容易に手の届くものとなった。

明治の型友禅の文様意匠は、かつてどの時代にもみられなかったほど、自由で奔放で幅広い。旧態依然としていた手描き友禅にくらべ、型友禅においては、江戸以来の伝統文様にも、新しい時代の香りがつき、さらに新しい風俗、新奇なハイカラ文物、流行の錦絵、など時代の様々な要素を取り込んで展開されることになった。不特定多数の嗜好に合わせるためには、通俗にも通じる文様の明快さも要求される。新しく手に入れた開化の色や、「写し」という技術を駆使して、染色界はそれに応えた。新技術を使いこなす伝統の手わざで、思い通りの文様を表現できる心躍りが伝わってくるような百花繚乱ぶりである。新しい技術に刺激されて生まれた、新しい文様意匠の数々。

おそらく明治型友禅の魅力とは、この新しい技術のもたらした、もの作りの創生期のエネルギーが発散する吸引力なのだろう。すなわち、いきいきと活きの良いものの魅力。「文明開化」の、染織の世界における一つの象徴が「明治型友禅」なのではないか。

「縮緬」はこの明治型友禅になくてはならない染め素材だった。均一に細かなしぼは染料の染め付き、発色がきわめて良く、しぼの持つ独特の質感は、技術においてはやがて単純化の道をたどった明治期の型友禅に陰翳とニュアンスを与えた。当時、「写し友禅」を「縮緬友禅」とも呼んだのは、この技法と縮緬の切っても切れない関係をよく示している。

「しなやかで贅沢な染め衣裳」という、縮緬の不動の地位は、時代が変わり、色や技法が変わってもゆるぎなく、かえって友禅の裾野が拡がったことによって、幅広い層に「縮緬」の言葉とイメージを定着させたともいえる。

恵比寿大黒電話の図

これぞ明治のポップアート。伝統の衣裳に身を固めた二人の神様が、うれしそうに向かっているのが初期電話機。電話が日本に入ってきたのは明治十年。東京横浜間に交換局が作られ、一般の加入が許可されたのは明治二十二年。姿も見えない遠くの人と話ができる、不思議な、珍しい魔法の仕掛けだった。

ちょろけん

福神たちが身をやつすのは「ちょろけん」。数人一組となって、大きな張抜籠に目鼻を描いたものをかぶり、黒塗りの大笠をかぶり、割竹を持ったものが先頭となって、太鼓、びんざさらなどで調子を取り、「ちょろが参じました」などと唱えて、正月の京の町々を歩き銭を乞うた一種の門付け芸人。現世利益の神様たちが、異形の姿で現れるのも明治という混沌の時代ならでは。

自転車乗り

「嫁にいくなら、電話と自転車のあるうちへ」と下町娘のあこがれの的だった明治の自転車。明治三十年頃、東京不忍池で自転車競争が始まった。明治の型友禅に登場する自転車乗りたちが競技用のスタイルをしているのは、そのせいか。明治末期、日本の自転車は実用時代に入ってもう珍しい乗り物ではなくなった。

美人尽くし
花魁あり、唐風美人あり、若衆姿あり、楽舞あり。

◀幔幕芸能尽くし

宮中女官

◂**離縁女房は京人形**

明治八年五月の新聞錦絵によれば、「さる薬屋の主、京人形とあだ名を得し別嬪の女房を持ちたりしが、居候と密通したるを怒りて、熨斗をつけて、年来所持の京人形進呈とて、彼の男に進ぜし云々」。型友禅の図柄になるほど、世上をにぎわした事件だったのか。今も昔も、人間のゴシップ好きは変わらない。

京人形

雪見女房
子細ありげな文様の出典は不明。

旅姿尽くし▸
遠景には駕篭に乗る旅や大名行列、近景には女房の旅姿や飛脚。追い剥ぎも登場。「汽車の旅」に変わった明治。「徒歩の旅」に対する懐旧か。

『伊勢物語』

『伊勢物語』「芥川」の段。業平が後に二条帝の后になる美しい娘をさらって芥川のほとりまで来たところ、そこに住む鬼（実は女の兄弟たち）に女を連れ去られてしまう。かなわぬ恋、悲しいロマンス好みは時代を超えて共通する。

『伊勢物語』
同じく「芥川」の定型文様。江戸期までは染織意匠として取り上げられることが稀だった人物文様が、「分かり易い明快さ」が求められた明治の型友禅意匠には多用されている。

『源氏物語』
巻物を拡げると展開する「浮舟」の恋物語。

『曾我物語』「富士の巻狩」

具体的で細かい表現が可能になった明治型友禅では、古典に取材した文様も多様化していった。

六歌仙
シルエット風に染め出した人気文様。

賀茂の競馬
王朝風の賀茂の競馬（くらべうま）文様。賀茂の競馬は、染織に限らず屏風絵や工芸意匠に繰り返し登場する伝統意匠。

能絵
古典の形をとった武芸文様や合戦図が多いのも、明治という国威発揚期の国情の反映。

能絵三態

江戸期には「隠し絵」として表され、見る者の教養を試された謡曲文様も、明治の型友禅ではこの様なストレートな表現で登場する。

桜下舞踊
グレーの地色に浮かび上がる強烈な赤。墨摺りの明快な輪郭線。いかにも明治らしい色、技法。

黒田節

カチン(墨)摺りの漫画風な小文様。技法、文様にさまざまな変化形を見せる明治型友禅。

唐子遊び

日清戦争

日清・日露の戦いのあった明治期には、露骨な戦勝文様も染色意匠に多く採用された。今見ると、醜悪にさえ思われる図柄もあるが、これらが商品として流通し、それを女性が喜んで身に付けた明治という時代を語る歴史的遺品ともいえる。

動物文様

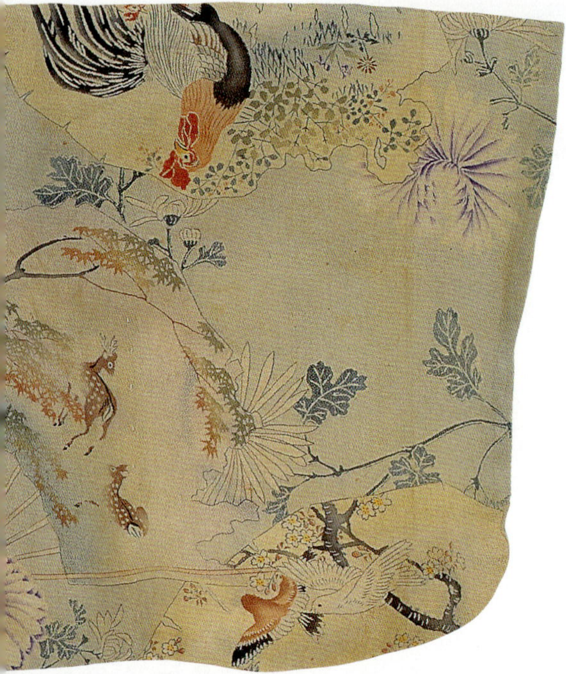

鳥に鹿（子供着物　部分）

雪中仔犬遊び
仔犬の様々な姿態、表情を描き分ける下絵の確かさ、抑制の効いた色使い。

かちかち山

うさぎ二態
暗い地色に浮かび上がる波兎、宝袋を曳く兎。

絵馬尽くし

馬尽くし▸

さつき五日のくらべ馬、碁盤を蹴散らす桂馬に絵馬、えびらの梅の春駒文様、わらしべ馬になすび馬。機知ある剽軽馬尽くし。

十干
十二支

十二支
隠し絵のようにひそんだ十二種の動物たち。

十二支
同じ十二支をモチーフにしても、表現にこのような変化が生まれる明治型友禅の多彩さ。

鶏孔雀

鳥駕籠小禽尽くし

器物・道具文様

洋館幻燈

幻燈は、明治十四年文部省が学校教材として取り上げたことから、急速に各地に広まった。個人で幻燈機を所有できるのは、よほどの金持ちだけだった。ランプを光源に、静止画像を拡大して見せる単純な仕掛け。でも、「カツドウ」が登場するまで、「幻燈会」は大人にも子供にも大きな楽しみだった。ここでの出し物は、日章旗を立て進む帝国軍艦。国威昂揚時代。洋館の、明るく大きなガラス窓も、外に向かって開く時代の象徴。

太政官札

明治初年、新政府は新通貨発行までの応急策として、藩札にスタイルが似た「太政官札」を発行した。正金に対して四〇％しか通用しない不換紙幣は混乱と不満を引き起こしたに違いない。

紙幣公債

時移り、日清戦争当時の百円紙幣にいわく、「此券ヲ使用スル者ハ富貴長命スヘキ者ヤ」国力充実期のストレートな富貴願望が文様となった。

日本銀行兌換銀券
百圓
大日本帝國政府軍事公債
五百圓
證書

茶碗尽くし
色絵、染付、祥瑞(ションズイ)風、古九谷風。

扇散らし

石灯籠
薄闇に浮かび上がる石灯籠。ちょっと珍妙な文様。

印籠尽くし‣
精巧で華やかな蒔絵(まきえ)の印籠様々。緒締にもそれぞれ工夫がこらされる。

武具尽くし
能曲を材にとった武具尽くし。一見静かな図柄だが、実は戦時における国粋的文様。

室内風景
茶室風の室内絵は明治期の型友禅にはよく見られる文様。よそ様のインテリアを、ちょいとのぞき見するような楽しさがある。

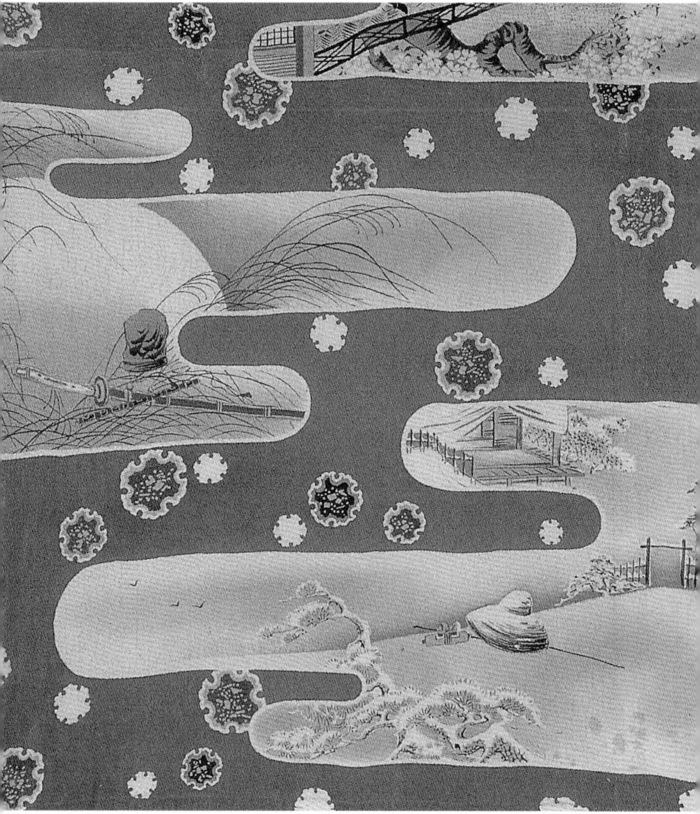

景物尽くし
すすき野に烏帽子、刀、笛、雪中の笠に巻物など文芸的景物の取り合わせ。

御所解・王朝風文様

四季の風景文様に文芸的景物を配し、白揚げ、刺繍、わずかの色挿しで表わした、武家女性の制服ともいえる「御所解《ごしょどき》小袖」は、江戸末にいたって完全に創造性を失い、究極の類型化を見せた。この「御所解」の文様を模した図柄は、明治の型友禅にはきわめて多い。長く権力の象徴だった武家階級への憧れや、許されなかった文様を身に付ける快感が生んだ流行だろうか。類型的だからこそ、文様の模倣はたやすい。しかし、明治の型友禅は、模倣から出発して、そのエッセンスを取り出し、新しい技法や色によって、そこに新しい息吹を与えた。

御所解写し
同場面に、四季の草花が咲き乱れる御所解の伝統は踏襲。

秋野に楽器

抑えた色使いで、もの寂しい秋野風景に琵琶、竜笛、胡蝶などの楽器を配して源氏文様を象徴的に表現。遠近描写やぼかしの技法で、画面に奥行きや陰翳が生まれた。

寝殿に萩

「御所解」に共通する素材を扱いながら、全く趣の異なるものとなっている。薄闇に、ほのかに浮かぶ萩の白さや、月明かりによる、かすかな光のグラデーション。「これから始まる物語」を暗示するような知的な表現は種々の染め技法を駆使して初めて可能となった明治型友禅のひとつの到達点。

寝殿御所車火焔太鼓
おだやかにして慎み深い「御所解」文様が、ここでは驚くべき色と姿に変身。

幔幕火焔太鼓
江戸期以来、記号的表現ともなった「紅葉賀」文様。

御所解写し
寝殿造りの御殿は、ここでは書院造りに変身した。時知らずの植物文様は変わらない。

四季風景
霞の間から垣間みえる、いくつかの文芸的場面。

王朝調度尽くし

棚に香炉、几帳（きちょう）の陰には琴、犬筥（いぬばこ）や貝桶。明治の型友禅にも多く取り上げられ、また現在も最も人気の高い図柄が、この様な王朝風の調度や遊戯具、御殿文様。江戸以来、吉祥文の定番中の定番としてなじみ深い。みやびなもの、あでやかなもの、はるかなものへの憧憬が生み出した文様だが、明治型友禅ではもはや教養や文芸的典拠からも自由に、華やかな王朝文様をとりどりにちりばめる。

王朝調度尽くし

王朝調度尽くし

王朝絵屏風

御所解写し
白揚げで霞、流水に四季の草花や蛇籠を配した御所解文様写し。

御所解写し
御所解風の風景の中に、誰ヶ袖文様まで描き加えてなかなかにぎやか。◀

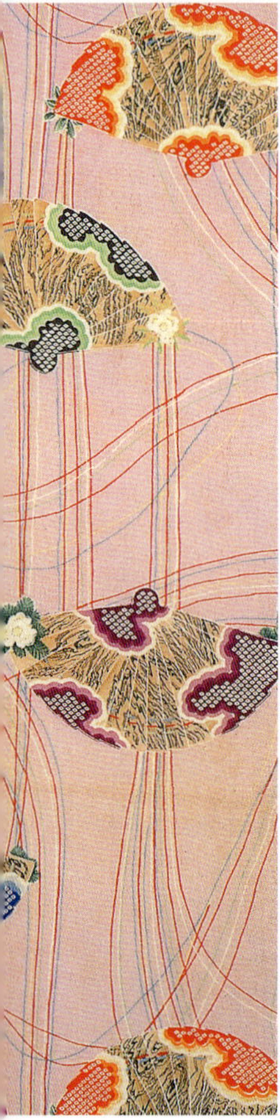

扇尽くし
檜扇尽くし

宝尽くし

名所・風景文様

安芸の厳島(長襦袢部分)
日本三景のひとつ、安芸の厳島(いつくしま)。海中に建つ社殿の様子がくっきりと見える。明治型友禅には名所文様が多い。活字メディアの発達と鉄道の敷設は、庶民の旅行熱をさぞあおったに違いない。

清水寺▶
清水の懸崖に望む高舞台。淡彩で、墨絵のような趣の、技巧的摺友禅。

京名所尽くし
清水、金閣、嵐山。今に続く京都観光ブームも明治より。

六玉川

江戸期以来、歌枕としての六玉川(むたまがわ)を意匠化した文様が知られるが、ここでは単純化がすすむ。流水をつなぎ文様として、砧(きぬた)打ち、布さらし風景などが藤、秋草などとともに点在する。

社頭風景
ルーペが必要なほど細かく丹念な描写。季節は春、満開の桜。社のまわりには、屋形船を浮かべた池や幔幕を張り巡らした庭園、床几に腰掛けた人物。振り分け荷物を持った人物も、旅姿の人物も豆粒よりも小さい。地色は糊防染の浸染めで染められ、摺り型による挿し色にも新しい色は使われていない。平面的な描写だが、型彫り、型付けの苦労がしのばれる、過渡期の型友禅。

田園風景
茅葺き屋根の下、かまどの火守りの婆。ひび割れた土壁に立てかけられたたらい。軒下に吊るされたとうがらし。田植えの済んだ田に、わら束を担ぐ裸の男たち。微少な世界に追求される写実への欲求。桜、柳、杜若、桔梗、菊が一度に咲き、静かな桃源郷のよう。

山里風景

谷川流れる山あいの里か。水汲みの老婆や、高く上がったつるべが見える。明治の型友禅には繰り返し登場しやがて消えてしまう、山や里のありふれた日常風景。美しくも、はなやかでもないこれらの文様を求めた明治の日本人。

秋草に朝日▸
地味ではあるが、「明治型友禅」の面目躍如。直線的に微妙に地をぼかし、秋野に射す陽の光をスポットライトのように表現。光のなかにシルエットで浮かぶ、すすきや桔梗。光に向かって飛ぶ鳥。堰出し技法を効果的に用い、情景だけでなく、早朝の肌寒さや草の匂いまでも感じさせるような技巧的で立体的な表現。量産を目的に開発された明治の型友禅は、下絵の質の高さや、それを縮緬の上に再現する技術の確かさで、このような意識的表現にまで到達した。

池畔秋景仔犬遊び

花・植物文様

いつの時代も、着物に付けられる文様として不変、不動の人気を誇る花々のかたち。でも、意匠にも技法にも、新旧が奇妙に混交した明治の型友禅の花々は、やはりどこかひと味違う。

あざやかな花々の色を表現するのに「写し技法」という新しい技術はまさにうってつけのものだった。

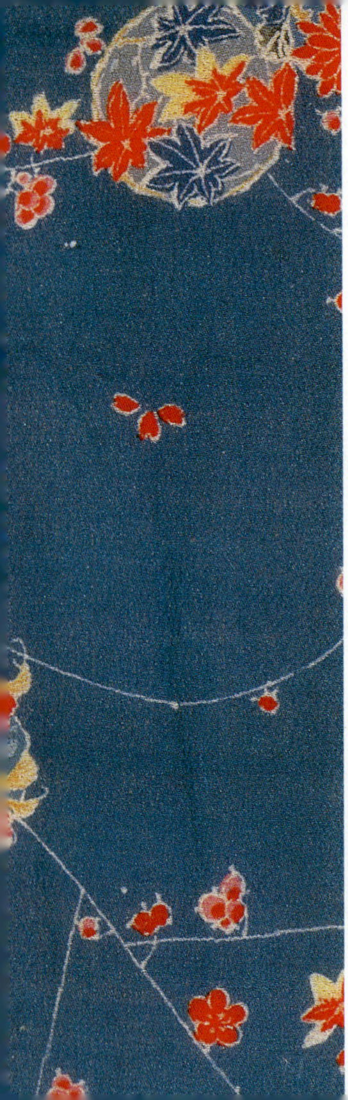

梅枝に花の丸（子供着物　部分）

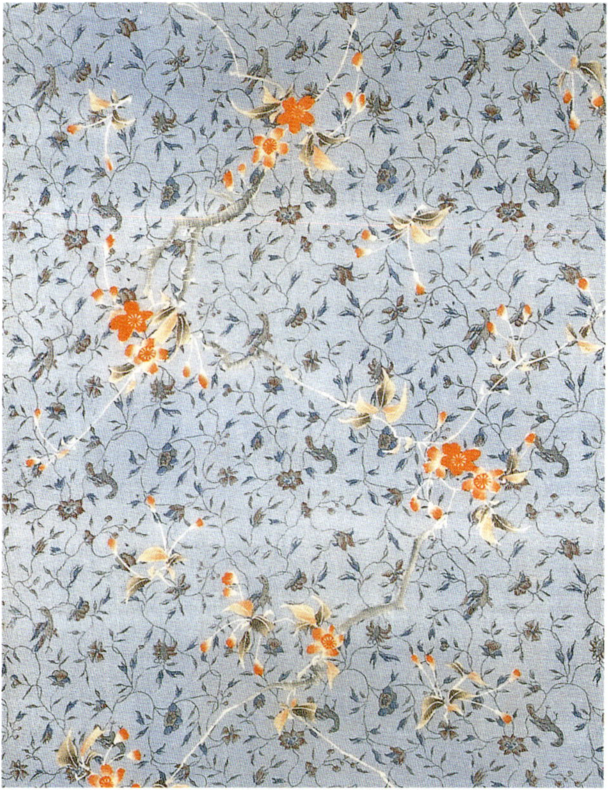

更紗文様に桜折枝散らし

印度更紗(さらさ)風の小花・鳥文様を墨摺りで細かくかっちりと染め出し、摺りぼかしの桜を散らす。こんな小紋調なら、型染特有の図柄の反転も気にせず、表着に着用できた。色、文様、技法に様々な実験的試みをした明治時代。

吉野の桜▸

水の流れに桜の落花が散り、「芳野」、「桜」の文字を配すのは江戸期より常套の文様。伝統を取り入れながら、ぼかしに染めた地色や挿し色に明治初期の特色。

霞に桜
時代が下がってくると、文様にも技法にも平面化、単純化がすすむ。

◂扇面に紅葉蔦菊

紅葉竜田川（長着、長襦袢）

紅葉散らし

菊花散らし

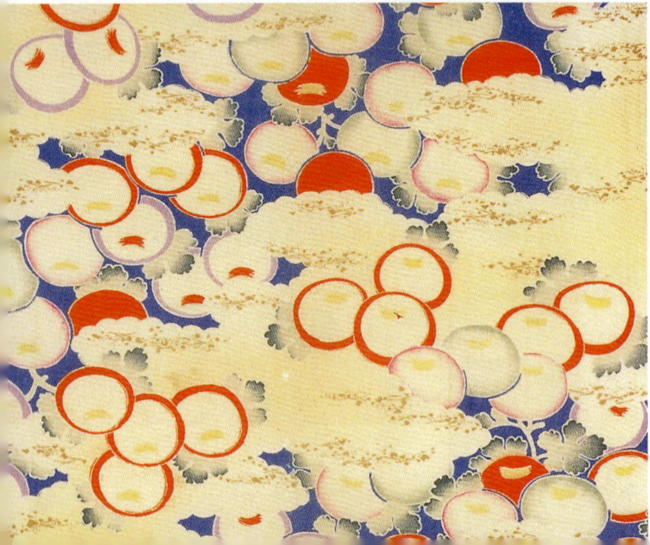

菊花三種

御簾に菊花

菊花大輪▸

書物に菊花

◂大鼓に菊花

色紙に菊花

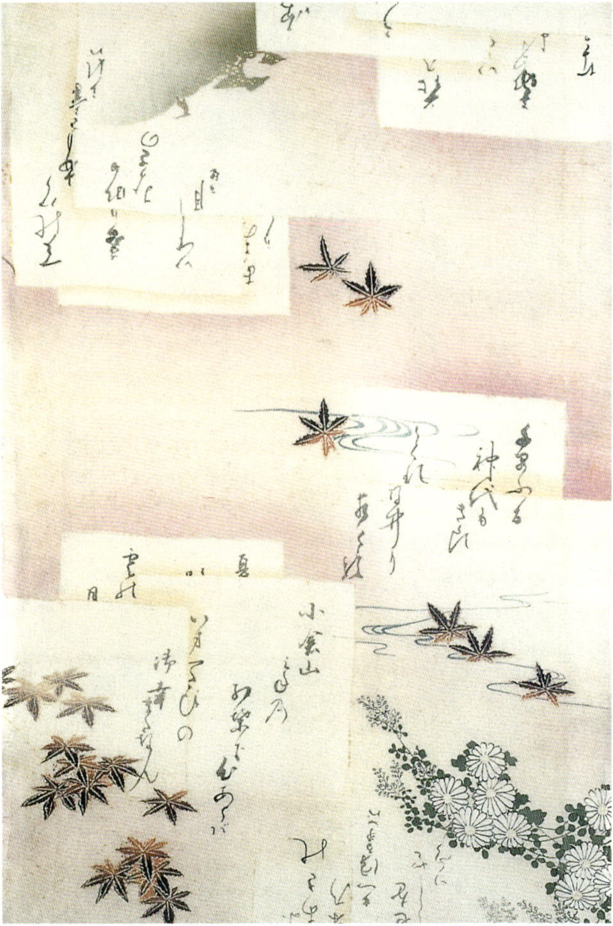

歌絵色紙に紅葉

牡丹大輪

雪持笹に紫苑

御簾菊花桜車▸

秋野秋草

秋野に鶉

秋野歌文字散らし

◂秋草扇散らし

流水に萩（振袖　部分）

雪輪に下がり藤（一つ身 部分）

なでしこに蝶

水仙に雪

◂松竹梅、鉄線花

花筏
色、意匠、技法ともに明治から大正へ姿を変えつつあることがうかがえる。

明治から大正へ

技法的には、いくつかの友禅技法を組み合わせた複雑なものから、より簡便で平面的な写し友禅の一本化へ。

文様意匠は地味から派手に。小文様から大柄へ。写実から大胆なデフォルメへ。

画家下絵から、デパート・呉服屋主導の「売れる」企画図案へ。

アール・ヌーヴォー、アール・デコの洗礼も経て、新しいモチーフ、近代的なデザイン感覚へ。

そして、多彩な染め縮緬は中着から表着へ。

実験的、試行的に始まり、技術的にも現代に続く型友禅の基礎をつくった「明治型友禅」は、この流行の流れのなかでその役目を終えたといえるのかもしれない。

花筏文様祝い着

枝垂れ桜文様襦袢

水車に歌文字文様一つ身単衣

紫陽花にあげは蛇籠文様一つ身単衣

流水桜花虫籠文様一つ身単衣
秋草文様一つ身単衣

洋花文様祝い着▸
手描きの絵羽(えば)風裾文様に見えるが、実は型を使っている。表着への実用化の道。

洋花にぶりぶり文様一つ身
ぶりぶりぎっちょうは、子供の健やかな成長を願う吉祥的玩具文様。

洋花にぶりぶり文様一つ身 部分

おもちゃ尽くし襦袢 部分

和楽器文様繻袢　部分

芝居茶屋文様襦袢　部分

役者文様の一つ菊五郎格子に、丸にデザイン化された芝居茶屋文様。完全に写実の意識を離れた意匠化。

傘に雀踊り文様襦袢

◀複葉機文様襦袢
色にもデザインにもアール・デコの影響が顕著。

半襟《はんえり》

着物生地の縮緬は、大正期以来、しぼが小さく薄手のものに流行が移っていったが、襟元を飾る半襟では、ぽってりとした量感が喜ばれ、しぼの大きな縮緬に華やかな染めや刺繍をほどこしたものが多かった。アール・ヌーヴォーやアール・デコの影響を受けて、それまでなかった洋花文様、伝統の柄にモダンなデザイン感覚を取り入れた大正の半襟は、小さな画面に凝縮された当時の流行の縮図。

躑躅文様刺繍半襟

楽器尽くし文様刺繍半襟

源氏車に流水草花文様染め刺繍半襟

羊歯(しだ)に巴の丸文様刺繍半襟

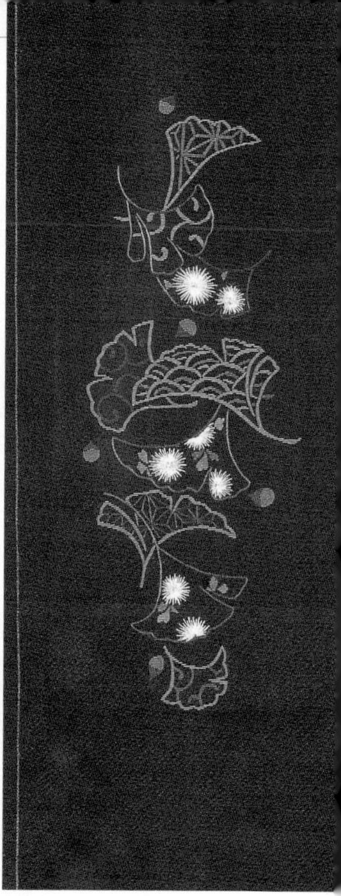

銀杏散らし文様刺繍半襟

桜花文様染め刺繍半襟

◀流水に桜花文様刺繍半襟

◀◀梅花ねこ柳に古瓦文様刺繍半襟

孔雀羽文様刺繍半襟

洋百合文様染め刺繍半襟

薔薇鈴蘭文様刺繍半襟

菊花文様染め刺繍半襟

縮緬百姿

はなやかな、とりどりの色彩の縮緬。しなやかで、伸び縮み、自在にその姿を変える縮緬。

縮緬は、江戸期より、女たちの手遊びの材料として愛されてきた。

現在もまた第何次かの、そして多分過去最大の縮緬手作りブーム。

瓶細工「少女対局」

手つなぎ人形巾着袋

人形着物 二種

押し絵小屏風

◂押し絵額

押し絵巾着袋

からくり細工多面体袋

接ぎ合わせ巾着袋　五種

押し絵お守り袋 二種

七福神押し絵細工小箱

迷子札いろいろ

接ぎ合わせ産着

絞り帽子・よだれ掛け

刺繍襟掛け

縮緬の履歴書

大谷みちこ

■縮緬の渡来

日本の近世の始まり「桃山時代」、群雄割拠の戦国時代も終わり、信長・秀吉が活躍した十六世紀後半には、南蛮貿易によって、新種の珍奇な染織品が一挙にまた多量に渡来したことが知られている。

ヨーロッパからは、ラシャやビロードが船載され、その重厚感と華やかさを合せ持った新しい素材は、武将達の「胴服《どうぶく》」や「陣羽織《じんばおり》」といった、形式的にも南蛮の影響を受けた衣裳に、好んで採用された。

この時期、この様な南蛮渡来の染織品とは別に、中国からも数種の新種の織物類がもたらされた。室町時代から袈裟などの形で渡来していた「金襴《きんらん》」や「緞子《どんす》」などに加えて登場したのが、「紗綾《さや》」「繻子《しゅす》」「綸子《りんず》」そして「縮緬《ちりめん》」である。これら唐渡りの染織品も、西洋からの染織品と同様に、きわめて珍奇にして高価なものとして、それにふさわしい扱いを受けた。

今に残る当時の縮緬素材の遺品は多くない。上杉景勝所用と伝えられる上杉神社の鎧下着に、無地紅の縮緬を使ったものがあり、これが渡来縮緬のもっとも古い遺例といわれている。袖・身頃に縫い目がなく、広幅の明らかな明渡りの縮緬。機能的であることを第一に求められた鎧下着に、軽くしなやかな縮緬の特性がいかされた。

同じく鎧下着に用いられた縮緬として、徳川家康所用のものが伝えられている。こちらは裁断され、袖、身頃も縫い合わされているので、本来の織り巾はわからないが、伝承では、天正年間に縮緬の織法が明より伝わり、ほどなく西陣で織り始められたとされていることから、家康の縮緬は、初期の国産品だった可能性も考えられる。

ともあれ、これらの例から、後に染め素材として注目される以前の、縮緬の受容のされかた、使用階層、使用目的など初期の様相がうかがえる。

この様に近世初頭に初めて将来された、縮緬というしぼを持つ平織り絹織物が、その後京都・西陣で生産されるようになった後も、唐貿易によって、毎年かなりの量を輸入され続けたことは意外に知られていないようだ。

江戸期の唐船貿易の記録を見ると、寛永十八(一六四一)年には、縮緬総量で約五万二千反が輸入されている。そのうち約半分は、「赤縮緬」という品目で記録され、既に染色された形で入ったものが多いことがわかる。西陣での生産が軌道に乗っていたと考えられる元文五(一七四〇)年にも、二万反以上が記録に残り、縮緬需要の多さが想像できる。既に「友禅」の染め技法も確立され、染め生地としての縮緬が求められたことは、「赤縮緬」が約五百反と激減していることからもうかがえる。その後、西陣以外の各地で縮緬が生産されるようになった江戸後期、文化九（一八一二）年にいたっても、記録に残るだけで三千反以上。その中には「新種縮緬」「新種紋縮緬」などの記名も見られ、輸出する中国側も、日本の好みの変化に対応しようと努力したこともうかがえる。

江戸期を通じて、遠来の珍物、ことに染織品を尊重し、珍重視したことは、更《さら》紗《さ》、唐桟《とうざん》・甲比丹《カピタン》などの嶋物、ラシャやビロードの扱われ方からもよく理解できるが、こと「縮緬」に関しても、贅沢で華やかな友禅の生地という以外に、当初より、舶来の高価で贅沢な絹織物というイメージが付与されたのではなかったろうか。

今に続く、「縮緬」という言葉が喚起する「高級品」のイメージにはそんな江戸期の価値観も投影されているような気もする。

■染め生地としての縮緬の発見

江戸期には、染色技術に前代からの伝統を受けて多様な発展が見られる。古代から続く絞り染めは、室町・桃山の辻ケ花《つじがはな》を頂点に、素晴らしい技術的昂揚を示し、慶長―寛永―寛文と小袖の加飾の中心を担った。江戸中期に至って、時の奢侈禁令の影響や、軽快で分かり易い文様表現への流行の傾斜は、新しい染め技法を完成させるきっかけとなり、絵文様を表わすために用いられた絞り技法は、徐々に新しい技法で表わす絵文様の舞台つくり、染め分け地を構成するための手段と変わっていく。

「友禅染」の名で呼ばれる、糸目糊防染《いとめのりぼうせん》、多色彩色の絵文様染めは、それまでのすべての染色技法を集大成して完成された、いわば日本でしか生まれようのなかった究極の染色技法といえる。

絞り、糊防染の型染・小紋染《こもんぞめ》、描き絵、型摺り、印度から舶載された渡り更紗の鮮やかな色彩。発想、技術に、これらの様々な影響を受けた「友禅染《ゆうぜんぞめ》」の完成は、おおよそ元禄の前後といわれているが、それに先行する友禅染の遺例もあり、友禅の発生については明確なことはわかっていない。

慶安三(一六五〇)年の『女鏡秘伝』によれば、「縮緬もしなやかにふりのよきものなり、これもしわよらず、染めようさまざまあるべし……」とあって、すでに友禅に先行する種々の染め技法の生地として縮緬が取り上げられていることがうかがえる。

「友禅染」のもっとも画期的な点は、塗って定着させる染料を発見、開発したことである。浸けて染める「浸染」では、染め付きは良く発色は美しいが、防染作業にも手間を要するし、自由に思い通りの文様を表わすことは難しい。直接墨や顔料で描く描き絵ならば、文様表現は容易だが、摩擦にも弱く、無論色の美しさは期待できない。この両方の利点を合わせ持った、究極の文様染めが「友禅染」だった。染料をいったん顔料化し、しかも染料の長所（透明感のある美しい色と、布への染着が容易でしかも定着が良い）を失わない色料、水に入れても色が落ちない堅牢さを持った色料の開発によって、どんな絵文様も、絵画のように多彩に自在に表現できる、新しい模様小袖の時代が到来した。

「縮緬」という、緯に強い撚りをかけた先織後練《さきおりあとねり》の絹織物が、染め素材としておおいに注目されたのは、この新しい文様染めの完成以来である。

文様の輪郭線に沿って置かれる細い糸目糊も、その中に色挿しされる色料も、「縮緬」の均一にして細やかなしぼはよく受けとめ、吸収浸透させる。つややかな絹地は、地染め、挿し色ともに、快い発色を示し、華やかではあっても、刺繍や絞りに比べ平面的な友禅染に、縮緬のしぼが持つ独特の質感は、微妙な立体感を与えた。

現在にいたるまで、染め主導で続いてきた日本の着物文化における「縮緬」の揺るぎない地位は、この時期に始まったといえるのだろう。
あくまでしなやかで優しい「縮緬」の、手触り肌触り。柔らかに身に添い、なじむその軽やかな官能性も、「友禅染＝華やかな絵模様染め」のイメージとともに、三百年の縮緬人気を支えた。

■江戸後期の縮緬

縮緬という、最高に相性の良い染め素材を得て、友禅染は大輪の花を咲かせたが、いつの世も流行の移ろいは早い。華やかに色を挿した友禅斎文様も光琳文様もいつしか時流をはずれたものとなり、十八世紀の終わりには、細やかに糊防染して、地を染め、白揚げに文様を表わしたシンプルなスタイルが町方の流行の中心となった。縮緬はここでも、糊付きの良さや、発色の良さ、感触の魅力で小袖素材の中心的位置を維持している。
「御所解文様」は、この白揚げに豪華な刺繍を加えた、武家女性の制服ともいうべき定型を示す衣裳。盛夏の帷子《かたびら》や絽地を別にすれば、その素材はほとんどすべてが縮緬で、詰めるように丹念に白揚げで表わされた文様と、精緻で華やかな刺繍は、権力階級にふさわしい、説得力と威圧性を持つ。しかし、四季の植物に文芸的景物を配すその文様意匠からは、創造性や独自性は完全に失われ、いきいきとした魅力には欠けるものになった。縮緬のうるおい豊かな質感は、ここにおいては、最高の贅を尽くした衣裳の、舞台装置として役だった。

■縮緬の大衆化

江戸末から明治にかけて、社会的には大変動期を迎えたが、染色意匠の面では、四条・円山派風の写実的な風景文様や吉祥文様を小さく裾・褄《つま》に表わしたものが中心に行われていた。手描きの雛形本にならって、下絵職人に描かれたこれらの文様は、上品ではあるが、類型的で創造性に乏しく、どれを見ても同じような印象を受ける。当時の糊糸目、楊枝糸目の友禅技術がすばらしいだけに、文様意匠に創意・新味のないことがよけいに意識される。

この旧態依然とした友禅意匠に新風を吹き込んだのが「画家下絵」だった。

当時、すべてが旧を厭い、新を奉じる風潮のなかで、非常に困窮していた日本画家に友禅下絵の道を開いたのは、京都「千總」の西村總左右衛門。ビロード友禅や無線友禅など新しい技術の開発にも尽くした彼によって、岸竹堂《きしちくどう》、今尾景年《いまおけいねん》、望月玉蟾《もちづきぎょくせん》、幸野楳嶺《こうのばいれい》など、錚々たる一流画家の「本画」が友禅下絵として採用され、写実的できわめて格調の高い明治友禅が誕生した。
こうして、新しい文様意匠の道は開かれたが、これらの手挿し本友禅は、一品製作の高級で贅沢な衣料であることに変わりはなかった。大きな社会変動、階級崩壊を受けて、新しく生まれた市民階級層に向けた商品の開発、友禅の大衆化、量産化をさぐっていた京都染色界が到達したのが、化学染料を使った「写し友禅」の技法だったのである。
同じく日本画家に下絵を求めた「明治型友禅」は、新しく手に入れた「写し」技法とともに、従来の型糸目、型摺り技法、手挿しの技法、ぼかし技法など持てる技術を総動員して開発された。多い場合は百枚以上もの型紙を駆使して、精緻な下絵を寸分違わず再現した「明治型友禅」、立体的な表現を得意とした「明治型友禅」は、質的にも高く評価されるべき、日本独特の型染め文化の、明治における到達点を示すものといってもよいのではないだろうか。
下絵を手がけた画家、製作に当たった職人とともに一流だった「明治型友禅」は、「縮緬」という格好の染め素材と二人三脚で始まり、友禅の大衆化への道をつくった。
表に現われない、内着の世界で始まった友禅の技術革新だったが、やがて、華やかな染め衣裳を表に着る流行とともに、天地のない図柄、部分的に型を使う工夫などによって、染め着尺として表着の世界に出てゆき、縮緬友禅の大衆化は一気に加速した。

参考文献

明治・大正くらしの物語／K.Kベストセラーズ／一九七九
新聞錦絵の世界／高橋克彦／角川文庫／一九九二
京都の近代染織／山邊知行監修／京都織物卸商業組合／一九九四
京の友禅史／京都友禅共同組合／一九九四
上杉家伝来衣裳／講談社／一九八四
家康の遺産―駿府御分物―／徳川博物館／一九九三
型染／日本染織藝術叢書／神谷榮子／芸艸堂／一九七五
日本の染織10　近代の染織／山辺知行編／中央公論社／一九八三
唐船輸出入数量一覧（一六三七～一八三三）／永積洋子編／創文社／一九八八
日本の美術265　染織（近世編）／切畑健／至文堂／一九八九
日本の美術7　染／山辺知行／至文堂／一九六六
「太陽」染めと織りシリーズ　友禅小紋／平凡社／一九七七
日本の織物／北村哲郎／源流社／一九八八

あとがき

「不思議」と思い、「なぜ」と自問してきた。昨今の、異常とも思える縮緬人気、ことに明治の型友禅に寄せられる偏愛ぶりに。
「表に着られない襦袢なのに」「型を使った量産品なのに」「どぎつい化学染料の色なのに」
なのに、目が離せないいくらい面白く魅力的なのである。
その魅力の秘密をさぐりたかった。
意識的に集めたり、残したりしてきたわけではない。たまたま手元にあった江戸期〜大正期の「縮緬」を、時代の流れのなかに置いて見直しただけだ。江戸には江戸の、その各時代の魅力がある。とりわけその色。でも江戸の友禅の素晴らしさはすでに言い尽くされている。明治の大衆品「縮緬友禅」、いつのまにか「江戸ちり」と、ふさわしいようなふさわしくないような名前を付けられた「明治型友禅」に光をあててみたかった。

分かったような気もする。いつの時代も、その時代の要請に応じて柔軟に姿を変えてきた友禅染めの、明治という激動期における大きな変身、その変身の熱気が発散する不思議な吸引力だったのだと。

現在の不思議な縮緬ブームは、でもそれだけではないとも思う。「縮緬」は、もしかしたら「着物」というイメージの代名詞なのかもしれない。柔らかく身に添う着物をまとうよろこびや、気に入りの色や柄に染めた着物を箪笥に重ね、折節出しては眺める楽しみを失った替わりに、江戸や明治の縮緬の小裂を手に取り、そのしなやかな手触りやしぼの陰翳、はなやかな色合いや繊細な絵模様を愛で、ままごと遊びのような小さな着物やお細工ものに変身させる。

生活の中から、「着物を着る」文化がなくなりつつある時代の、楽しいけれどどこか寂しくもある代償行為、そんな風にも思えてくる。

縮緬ブームはこれからどこへいくのだろうか。（古裂ギャラリーおおたに 店主）

本書は、平成十年三月発行の「京都書院アーツコレクション」―『縮緬変化』を改訂・新装本としたものです。

ちりめん変化《へんげ》

紫紅社文庫

二〇〇六年(平成十八年)十月三十一日　第一刷発行

著　者　大谷みちこ

編　集　花　林　舎

発行者　吉岡幸雄

発行所　紫　紅　社
〒六〇五―〇〇八九
京都市東山区古門前通大和大路東入ル元町三六七
電　話　〇七五―五四一―〇二〇六
FAX　〇七五―五四一―〇二〇九
http://www.artbooks-shikosha.com/
E-mail:shikosha@artbooks-shikosha.com
印刷製本　ニューカラー写真印刷株式会社

ISBN4-87940-579-5 C0172
定価はカバーに表示してあります。
表紙・扉デザイン　角田美佐子